Die kleinen Trompeterbücher Band 175

MARIA SEIDEMANN

Das Lied vom Ahornbaum

Der Kinderbuchverlag Berlin

Illustrationen von Tamara Sälzer

*Für Sebastian
und seine Freunde*

ISBN 3-358-01025-2

1.

In einem Königreich, lang ist es her, stand ein Ahornbaum auf dem Felde. Er streckte seine Äste hoch, er breitete seine Zweige weit, und in seiner Krone ruhten die Vögel aus.

In der Königsstadt gab es einen Krämer, der hatte einen Sohn, den Konrad – halb war er noch ein Kind, halb war er schon ein Mann. Von Konrad und dem Ahorn will ich erzählen.

Ach, der Konrad war zu nichts nütze. Das einzige Kind des Krämers war er, doch statt seinen alten Eltern Stütze und Freude zu sein, brachte er ihnen viel Kummer. Er lief jeden Tag davon aus dem Laden, floh vor den Kohlköpfen, Butterklumpen und Essigfässern hinaus in die Felder, zum Ahornbaum.

Ins Geäst stieg Konrad, schaute über das flache Land, weit, weit – den Wolken sah er zu, wie sie über den Himmel zogen, ständig ihre Gestalt wechselnd, er lauschte dem Wind und hörte den Vögeln zu.

Und weil er den ganzen Tag nichts tat als schauen und hören, träumen und vor sich hin denken, hatte Konrad den Kopf voller Geschichten und den Mund voller Lieder.

Wenn zum Beispiel der Müller vorbeikam und zu Konrad in den Baum hinaufrief: „He, Konrad! Du sitzt hoch und blickst weit, sag mir, wie steht das Korn im Feld? Wird es eine gute Ernte geben?“, dann rief Konrad zurück: „Wunderschön steht das Korn, Müller! Voll von herrlichen roten Mohnblumen und prächtigen Kornraden, die sind so blau wie der Himmel!“

„Mohn und Rade, sagst du?“ schrie erschrocken der Müller.

„Ja! Und die Lerchen darüber, es ist eine Lust! Soll ich dir sagen, was mir die Lerchen erzählten?“

„O du Nichtsnutz, Unseliger! Weißt du nicht, daß Mohnblumen und Kornraden Unkräuter sind? Und daß Unkraut das Korn verdirbt? Wenn viele Unkrautsamen ins Mehl kommen, wird es grau und schlecht. Das trifft auch euch, Konrad, wenn ihr minderes Mehl verkaufen müßt im nächsten Jahr!"

Schimpfend ging der Müller davon.

Wenn die Sonne sich der Erde zuneigte und der Tag dem Abend, sprang Konrad vom Baum und lief in die Stadt, zum Brunnen auf dem Marktplatz. Dorthin kamen jeden Tag um diese Stunde die jungen Mädchen, um Wäsche zu waschen und dabei Konrads Geschichten zu hören. Das war für Konrad der eigentliche Sinn des Tages: Er hockte auf der steinernen Brunnentreppe, sang, erzählte und scherzte. Die Mädchen freuten sich über seine Gesellschaft, sie hatten Konrad gern, und auch er liebte sie alle.

Eine aber liebte er besonders: Rosi, die Tochter des Glasermeisters. Doch wie er sich auch anstrengte am Brunnen – ob er wie ein Pirol flötete oder wie eine Amsel sang, nie schenkte ihm Rosi einen besonderen Blick, ein besonderes Lächeln.

So hielt Konrad schließlich, weil sein Herz ihn drückte, eines Abends die Rosi an der Hand fest und ließ sie nicht los, bis alle Mädchen heimgegangen waren und sie beide allein beim Brunnen standen.

„Ein neues Lied habe ich gemacht, Rosi. Ich will es dir schenken!"

Und Konrad sang:

„Auf dem Felde, auf dem Felde
steht ein Ahornbaum,
reicht mit grünen Blätterhänden
bis zum Himmelssaum ..."

Doch Rosi schnitt mit einer Handbewegung seine Stimme ab: „Dein Lied gefällt mir. Aber dich, Konrad, will ich nicht."

„Warum, warum? Alle Mädchen haben mich gern!"

„Sie lieben nur deine Lieder, deine Späße. Damit die Arbeit nicht langweilig wird! Aber heiraten würde dich keine. Kein Mädchen will einen Mann, der den ganzen Tag im Baum schaukelt, der seine Eltern allein arbeiten läßt. Die Leute würden mit Fingern zeigen auf die Frau von so einem!"

„Die Leute!" rief Konrad. „Die Leute können uns egal sein!"

Doch die Rosi sagte: „Ich will keinen, der den lieben langen Tag nichts tut als spinnen."

Sie nahm ihren Wäschekorb auf und trug ihn stolz nach Hause, ohne sich umzuwenden.

Spinnen? dachte Konrad betroffen. Spinnen nennt sie das, wenn einer Melodien und Verse macht statt Schuhsohlen oder Hufeisen? Das konnte er nicht verstehen, und schließlich trottete er traurig heimwärts, denn er hatte lange nichts gegessen.

Wie er um seine Straßenecke bog, sah er vorm Hause des Vaters Soldaten stehen. Er ahnte, daß sie seinetwegen gekommen waren, und stieg von hinten über den Zaun und in den Stall. Da hörte er, wie in der Küche der Vater bat und die Mutter jammerte; sie sollten Strafe zahlen, weil ihr Sohn Konrad eine Woche lang den Dienst beim König geschwänzt hatte.

Alle unverheirateten jungen Leute der Stadt mußten nämlich an jedem Wochentag vom Morgen bis zum Mittag beim König Dienst tun – im Schloß und in den Höfen, in Stall und Garten.

„Wenn euer Sohn morgen früh nicht zur Stelle ist, kommt er in den Arrest!" erklärte der Feldwebel streng, kassierte das Strafgeld und ließ seine Soldaten abmarschieren.

Konrad trat in die Küche und verlangte zu essen, als wäre nichts gewesen. Trotzig dachte er: Der König sitzt den ganzen Tag faul auf seinem Thron herum, und ich sitze in meinem Ahornbaum – wo ist da der Unterschied? Es ist nicht gerecht, daß der eine ungestraft tun kann, was er möchte, und der andere muß dafür zahlen. Ihn schmerzte, daß die Mutter seinetwegen weinte, und er wußte, wie dünn die Geldbörse des Vaters war.

„Wenn du nur endlich einsichtig sein wolltest!“ flehte die Mutter. „Wir brauchen Hilfe in Haus und Laden. Die anderen jungen Leute leisten brav ihren Dienst beim König und helfen ihren Eltern, wie sich das gehört. Wer bist du, daß du ißt und trinkst wie ein Vogel auf dem Felde, ohne dafür einen Handschlag zu tun? Die Söhne unserer Nachbarn bauen sich Häuser, sparen Geld und gehen auf Brautschau. Und du?“

„Ich bin wie ein Vogel im Felde“, wiederholte Konrad nachdenklich.

Der Vater wollte nicht länger reden und bitten. Er dachte, wenn sie ihren Sohn nicht bald auf den rechten Weg brächten, würden sie hinfällig und gebrechlich werden, ohne eine tüchtige Schwiegertochter im Hause, ein paar gesunde Enkel auf den Knien und einen Notgroschen im Schranke zu haben. Er schalt Konrad aus, so derb er konnte, sperrte ihn in den Keller und ließ ihn den ganzen Abend Kartoffeln auslesen – die guten für den Laden, die schlechten zum Selberessen.

2.

Am nächsten Morgen brachte der Vater selbst seinen Sohn zum Schloß und lieferte ihn wie eine Ware beim Verwalter ab, damit er nur ja nicht wieder entspränge, aufs Feld, zu seinem Ahornbaum. Wie lachten alle Mädchen, als sie Konrad an der Hand des Vaters kommen sahen, und am lautesten lachte die Rosi.

Ganz stumm vor Scham ging Konrad in den hinteren Hof, wo er zusammen mit seinem Freund Peter die königlichen Teppiche klopfen sollte. Weil Peter die Teppiche bereits am Vortag und am Vorvortag hatte klopfen müssen und kein einziges Stäubchen mehr darin war, strengten sich die beiden Burschen nur an, wenn der Verwalter in die Nähe kam, und sonst hatten sie genug Ruhe und Zeit, um miteinander zu reden.

Peter, der ein Zimmermann war, sagte: „Ich bin es leid, jeden Tag so viele Stunden unnütz zu vertun. Saubere Teppiche klopfen!"

„Wir werden einfach nicht mehr zum König gehen!" rief Konrad. „Wir ziehen fort. Auf dem Ahornbaum werden wir schlafen, von den Früchten der Felder werden wir uns nähren, mit den Wolken wollen wir wandern ..."

Peter lachte gutmütig und entgegnete: „Ich habe Arbeit zu Hause! Der Vater kommt schlecht allein zurecht mit den großen Hölzern. Es ist schwer, ohne Hilfe einen meterlangen Balken an seinen Platz zu bringen. Aber zu zweit! Jeder packt ihn an einem Ende, und schon liegt das Holz, wo es soll. Und wie schön es klingt, wenn zwei Äxte schlagen statt nur einer. Bing-bong, bing-bong!" Und Peter ahmte mit den beiden Teppichklopfern den Rhythmus der Äxte nach.

In Konrads Innerem wuchs bei Peters Worten ein kleiner harter Klumpen Neid, und Konrad fragte: „Du arbeitest wohl gerne, was?"

Peter beschrieb ihm, was das für ein Gefühl sei, wenn einem unter den Händen ein Haus heranwachse, wenn man Tore und Türen zimmere, die Treppen setze und – das Schönste von allem! – wenn man oben im Dachstuhl sitze und die Sparren anschlage.

Das konnte Konrad sich vorstellen, denn auch er saß gern an einem hohen Platz, in der freien Luft.

„Das Holz, Konrad, habe ich so glattgehobelt, daß man es am liebsten streicheln möchte“, fuhr Peter fort. „Und wie es riecht! Am Feierabend aber baue ich nicht für andere Leute, sondern ein Haus für mich selbst. Wenn es fertig ist, heirate ich, dann komme ich nicht mehr zum Dienst beim König.“

„Heiraten, fleißig sein, Kinder kriegen“, murmelte Konrad verdrossen. „Wenn ich mir vorstelle, daß ich mein ganzes Leben hinterm Ladentisch verbringen soll, wird mir angst und bange! Den Salat von gestern, damit er heut noch frisch aussieht, in feuchte Tücher einschlagen! Und Kartoffeln abwiegen – in jedes Säckel zehn Pfund, aber nicht eine einzige zuwenig, sonst heißt es, wir betrügen, und keine einzige zuviel, das können wir uns nicht leisten!

Natürlich verkaufen wir auf Borg, denn die Kunden sind unsere Nachbarn und so arm wie wir selber. Und dafür müssen wir wiederum Geld borgen beim Schulzen und uns besonders tief vor seiner Frau verbeugen. Glaub mir, Peter, wenn die Eltern einmal tot sind ..."

„Red nicht so!" rief Peter erschrokken aus.

„... dann verkauf ich den Laden und ziehe in die Welt!"

„Was willst du in der Welt? Hast nichts gelernt, kannst niemandem nützen! Wer wird dich haben wollen?"

Konrad wünschte, in früheren Zeiten gelebt zu haben, im Morgenland. Damals waren die Geschichtenerzähler, die Sänger und Spielleute angesehene Männer, und die besten unter ihnen wurden sogar Wesire des Sultans!

„Das muß aber sehr lange her sein", vermutete Peter.

„Laß uns fortgehen!" bat Konrad den

Freund noch einmal.

Peter jedoch sagte: „Warum sollte ich fortziehen? Wir leben doch gut hier. Mein Vater sagt, unser König ist nicht der Schlechteste. In anderen Ländern führen sie alle naselang Krieg, aber unserer will, daß wir heiraten und Kinder kriegen, die ihm die Arbeit tun, wenn sie herangewachsen sind. Konrad, mein Haus ist bald fertig, ich übernehme Vaters Werkstatt und frage die Rosi vom Glaser, ob sie mich heiratet. Sie ist hübsch und tüchtig ..."

„Die Rosi?" stotterte Konrad. Ihm war plötzlich, als stünde er mitten in einem schrecklichen Unwetter.

Aber da ertönte die Pfeife des Verwalters, der Dienst beim König war für diesen Tag zu Ende, und Peter lief nach Hause zu seiner Arbeit, so schnell er konnte.

Wie festgeschmiedet blieb Konrad mitten auf dem Schloßhof stehen. Sein Kopf war ganz leer, sein Mund war ganz stumm. Der Peter und die Rosi!

„Was willst du noch hier, Nichtsnutz?" schrie der Verwalter dicht an Konrads Ohr. „Die königlichen Kirschen stehlen? Marsch, hinaus!"

Rasselnd fiel das königliche Eisentor hinter Konrad ins Schloß.

3.

Und nun?

Was sollte Peter noch in der Stadt? Hier erfreute ihn nichts mehr. Er lief hinaus vor das Tor und über die Felder zu seinem Freund, dem Ahornbaum. Hoch ins Geäst stieg Konrad, er spürte nicht Hunger noch Durst, und sang seinen Kummer den Vögeln vor.

Ein Mädchen kam von der Stadt her gelaufen.

„Konrad! Konrad! Ich weiß, du sitzt oben im Baum!"

Das war Marie, Rosis jüngere

Schwester. Schon oft war sie zu Konrad in den Ahornbaum gestiegen, hatte den wilden Tauben ins Nest geschaut, sich vom Wind wiegen lassen, von Konrad Lieder gelernt und sich an seiner Freundlichkeit gewärmt. Und schon manches Mal hatte sie sich die Kleider an den spitzen Zweigen zerrissen. Nachts hatte sie die Löcher geflickt, aber die anderen Mädchen sahen den Schaden doch und spotteten gutmütig über Maries Liebe zu Konrad und dem Baum.

„Konrad, Konrad! Ich komme hinauf zu dir!"

„Schickt dich die Rosi?" fragte Konrad voller Hoffnung.

„Warum sollte meine Schwester mich zu dir schicken? Sie sitzt zu Hause und näht an ihrem Hochzeitskleid. An dich denkt sie nicht. Aber ich, Konrad, ich denke immerzu an dich!"

Als Konrad darauf schwieg, rief sie: „Willst du nicht lieber mich zur Frau nehmen? Ich würde mit dir im Ahornbaum wohnen oder mit dir in die Welt ziehen."

„Du bist noch ein Kind", sagte Konrad vom Baum herunter.

Da merkte Marie, daß Konrad zu ihr nur deshalb freundlich gewesen war, weil sie die Rosi zur Schwester hatte. Traurig ging sie von Konrad und dem Ahornbaum fort.

Konrad blieb allein.

Er dachte: Nun habe ich nur noch meinen Baum, er allein versteht mich.

Fortan sprach Konrad mit niemandem als dem Wind und den Vögeln. Fast vergaß er, daß er unter Menschen gelebt hatte.

Eines Tages aber hörte er Kommandos und Marschtritte sich nähern. Als er vorsichtig hinabäugte, erblickte er eine Schar Soldaten, die genau unter seinem Baum anhielt. Und in dem Feldwebel, der sie anführte, erkannte er einen ehemaligen Schulkameraden, das kam ihm so seltsam vor, daß er lachen mußte.

„Komm runter!“ rief der Feldwebel.

Konrad rührte sich nicht.

„Mach keinen Ärger und steig freiwillig herunter! Ich weiß, daß du oben bist, ich höre dich lachen!“

Trotzig erklärte Konrad: „Ich gehe nie wieder zum König.“

„Wir haben aber Befehl, dich zu holen.“

„Ha! Wenn der König was will von mir, soll er selbst kommen!“

„Mensch, Junge“, sagte der Feldwebel mit plötzlich veränderter Stimme. „Es ist Krieg, und du mußt zu den Soldaten.“

„Krieg?“ fragte Konrad verwirrt. „Wieso denn Krieg?“

Der Feldwebel zuckte mit den Schultern und erzählte etwas von dem Bukkelberg, um den ein heftiger Streit zwischen dem König und dem Nachbarkönig entbrannt sei. Jeder der beiden Könige behauptete, der Berg gehöre ihm allein.

„Natürlich gehört der Berg uns", sagte der Feldwebel, „und wir werden ihn gegen die Soldaten des Nachbarkönigs verteidigen!"

Der Buckelberg? Konrad begriff überhaupt nichts. Warum streiten sich zwei Könige um einen Hügel, für den sich noch nie jemand interessiert hatte außer den Kindern der beiden Königreiche, die genau auf dem Berg aneinanderstießen. Längst war der letzte Rest fruchtbarer Erde vom Regen den Buckelberg hinabgespült worden. Kahl ragte der Berg aus den grün und gelben Feldern auf, an seinen Hängen wuchs nichts außer Kiefern und Beerengestrüpp.

Der Buckelberg gehörte den Kindern, ob sie nun in diesem oder in jenem Königreich wohnten. Sommers trafen sie sich hier zum Spielen und zum Himbeerensammeln, und im Winter war der Buckelberg die herrlichste Rodelbahn. Auch Konrad hatte den Hügel einst für den schönsten Platz unter der Sonne gehalten – aber sollte er sich für dieses Stückchen Erde jetzt in eine Uniform stecken und totschießen lassen? Was in aller Welt will ein König mit einer Rodelbahn? Oder hat man je von einem König gehört, der im Geröll umherkraxelt und Himbeeren sucht?

„Ich will in keinen Krieg", sagte Konrad und blieb auf dem Ahornbaum sitzen.

Der Feldwebel aber ließ die beiden stärksten Soldaten vortreten. Sie packten den Baumstamm und schüttelten mit allen Kräften, so daß der Konrad unter Schmerzensgeschrei herabpolterte. Sie nahmen ihn in die Mitte, und fort ging's im Gleichschritt, in die Stadt hinein, geradewegs zum Schloß.

4.

Der Schloßhof war angefüllt mit den jungen Männern der Stadt. Alle waren sie in blaue Hosen gekleidet, in rote Wämser und weiße Hemden. Und wo tags zuvor noch Teppiche geklopft und die Beete geharkt wurden, verteilte man jetzt Gewehre, Stiefel und Brot für den Weg.

Auch Konrad wurde in eine blaue Hose und ein rotes Wams gesteckt, er bekam ein Paar Stiefel und ein Schießgewehr und sah auf einmal aus wie jeder andere königliche Soldat.

Obgleich Konrad Mühe hatte, die rot und blauen Burschen auseinanderzuhalten, fand er seinen Freund Peter, und der war gar nicht glücklich. Er hatte erfahren, daß sie bereits am nächsten Tage hinaus ins Feld sollten und gegen den Feind kämpfen.

„Gegen den Feind? Aber, Peter, das sind doch unsere Spielkameraden gewesen! Warum sollen wir denn miteinander um den Buckelberg kämpfen?"

„Ich weiß nicht", sagte Peter bedrückt. Er dachte daran, daß sein Haus fertig war, und vielleicht würde er nie drin wohnen.

Konrad musterte seinen Freund und dann sich selbst in der neuen Uniform und sprach: „Wenn wir so übers Feld marschiert kommen, bunt wie die Schießscheiben ... Die feindlichen Kugeln werden uns treffen, noch ehe wir unsere schönen blankgeputzten Flinten überhaupt heben können! Peter, ich hab Angst."

Peter nickte. Er fürchtete sich auch.

Ein Trompetensignal rief zum Sammeln.

„Peter! Laß uns verschwinden, solange noch Zeit ist! Soll der König selber zum Buckelberg marschieren!"

„Wer wegläuft, wird erschossen. So

ist das im Krieg", sagte Peter.

Und als sie auf dem großen Schloßhof in Reih und Glied angetreten waren, dumpf schallten die Trommeln, da versprach der Konrad dem Peter: „Was auch geschieht – wir bleiben zusammen."

Auf dem Balkon des Schlosses erschien der König. Er hielt eine Rede für seine Soldaten, sie sollten brav gegen die Soldaten des Nachbarkönigs marschieren, gut schießen und schnell siegen.

Konrad und Peter hörten genau zu, aber der König verriet mit keinem Wort, warum er den Buckelberg nicht mehr mit dem Nachbarkönig teilen wollte.

„Hurra!" schrien folgsam die Soldaten, der König verschwand hinter der Gardine, und am nächsten Morgen begann der Marsch in den Krieg.

Konrad schleppte sein Gewehr und seinen Ranzen. Er dachte: Mein Leben ist aus. Eine Kugel wird mich treffen. Nichts bleibt von mir – keine Frau, kein Kind. Hab kein Haus gebaut, keinen Baum gepflanzt. Ich werde nicht heimkehren.

Und wie sie übers Feld zogen, kamen sie an dem Ahornbaum vorbei, dessen Äste sich freundlich im Wind regten.

„Sieh nur, Peter, mein Baum! Er winkt mir!"

Peter aber sagte: „Fang nicht an, Geschichten zu erzählen, dafür ist jetzt nicht der rechte Zeitpunkt! Wir müssen überlegen, wie wir aus diesem Krieg herauskommen. Ich habe keine Lust, auf unsere ehemaligen Spielkameraden zu schießen, die genausoviel Angst haben wie wir. Und ich will am Leben bleiben. Streng deinen Kopf an!"

In diesem Augenblick trafen sie auf die Soldaten des Nachbarkönigs, und auf beiden Seiten begannen die Gewehre zu knallen. Ach, sogleich waren alle Kindheitserinnerungen vergessen, denn was hier durch die Luft hin und her sauste, das waren weder Schneebälle noch Kletten, sondern todbringende Kugeln. Quer durch die Kornfelder stürmten die Soldaten aufeinander zu, sie zertrampelten das junge Getreide, und schon fielen die ersten neben Konrad und Peter nieder, um nie mehr aufzustehen.

Da hörte Konrad leise, doch durchdringend seinen Namen rufen. Eine kräftige Hand packte ihn und zog ihn in schützendes Gesträuch.

„Wer flieht, wird erschossen!" rief er erschrocken.

Eine Stimme sprach freundlich: „Der König hat keine Gewalt mehr über dich, du bist jetzt in meinem Reich."

Neben sich erblickte Konrad eine Frau, nicht jung, nicht alt, von ansehnlicher Gestalt, mit dicken roten Haaren und einem begehrlichen Mund. Er war

sich gewiß, sie noch nie gesehen zu haben, und fragte: „Wer bist du? Woher weißt du meinen Namen?“

„Du kennst mich nicht? Aber ich kenne dich, Konrad! Hast im Ahornbaum gesessen und gesungen. Eine angenehme Stimme hast du und eine schöne Gestalt. Ich will dich in meinen Dienst nehmen. Die Holzweghexe bin ich, mein Reich beginnt am Holzweg.“

Konrad hatte noch nie von dieser Hexe gehört, und den Holzweg kannte er auch nicht. Doch er dachte: Bewahrt sie mich vor dem Krieg, soll mir alles recht sein. Und er duckte sich tiefer in den Busch, schloß seine Ohren vor dem schrecklichen Schießen und Schreien und vergaß das Versprechen, das er seinem Freund Peter gegeben hatte.

5.

So trat Konrad bei der Holzweghexe in Lohn und Brot.

Das war freilich ein anderer Dienst als der beim König! Konrad hatte nichts weiter zu tun, als das Geigenspiel zu erlernen, und das bereitete ihm großes Vergnügen.

Die Holzweghexe hielt sich nämlich zu ihrer Unterhaltung ein Orchester, das bestand – wie Konrad verwundert feststellte – aus lauter Vögeln, Heuschrecken, Fledermäusen und anderem kleinen Getier. Der Konzertmeister war ein besonders langbeiniger, grämlicher Grashüpfer namens Grigrillus, und er unterwies Konrad im Geigenspiel.

Konrad war ein gelehriger Schüler, und die Zeit verging ihm wie im Fluge. Bald schon konnte er mit den Tieren im Orchester spielen.

Ab und an aber plagte Konrad das

Heimweh. Er dachte an die Eltern in ihrem Laden, er fragte sich, ob der Krieg schon zu Ende und sein Freund Peter noch am Leben sei, ob er wohl die Rosi geheiratet hatte, und manchmal kam Konrad gar in den Sinn, daß vielleicht die ganze Stadt im Kriege zu Schutt und Asche verbrannt sei und nur er allein noch am Leben. Aber der Ahornbaum stand gewiß noch immer auf dem Felde, und womöglich wiegte sich nun ein anderer in seiner Krone und träumte.

Da bekam Konrad solche Sehnsucht, wieder nach Hause zu gelangen, daß er seine Geige nahm und das Lied vom Ahornbaum spielte:

Auf dem Felde, auf dem Felde
steht ein Ahornbaum,
greift mit grünen Blätterhänden
bis zum Himmelssaum …

Und er spielte so schön, daß Grigrillus auf seinen langen Grashüpferbeinen einen stolzen Sprung tat vor Freude über seinen Schüler.

„Sag mir, Grigrillus, was muß ich tun, um zurück zu den Menschen zu kommen?"

„Zu den Menschen? Zu den Menschen kannst du nie wieder – hast du das nicht gewußt? Schau dich doch an, Konrad! Springbeine hast du bekommen wie eine Grille, an Stelle der Nase wächst dir ein Vogelschnabel, und auf dem Kopfe trägst du ein Mausefell!"

Ach, das hatte Konrad selbst schon bemerkt, und er hatte Angst, eines Tages ganz und gar zu einem Tier zu werden und die Sprache der Menschen zu verlernen.

„Auch ich", sagte Grigrillus, „auch ich war einst ein schmucker junger Bursche. Und alle unsere Mäuse, Kröten, Sperlinge und Grillen – sie waren schlank und gerade gewachsen und hatten schöne Gesichter – wie du, Konrad. Die Holzweghexe sucht ihre Musikanten gut aus! Hast du nicht bemerkt, daß sie immer ansehnlich bleibt und ihr Gesicht keine Runzeln bekommt? Sie stiehlt uns unsere Kraft, unsere Jugend, unsere Schönheit – dazu braucht sie uns! Armer Konrad, es ist zu spät."

Konrad ahnte, daß er sich in sein Geschick fügen und für immer bei der Holzweghexe bleiben müßte. Warum nur war er so leichtfertig mit der Hexe gegangen, ohne nach dem Preis seiner Rettung vor dem Krieg zu fragen? Warum hatte er nicht lieber zusammen mit Peter nach einem anderen Wege gesucht?

So blieben Konrad, um seinem Heimweh zu begegnen, nur die Geige und seine Lieder. Vor lauter Kummer und Schmerz spielte und sang Konrad so wunderbar, daß die Holzweghexe ihn mit besonderem Wohlgefallen hörte und schließlich allen anderen Musikanten vorzog.

Die Tiere fürchteten, die Gunst ihrer

Herrin gänzlich an Konrad zu verlieren, und sie begannen, ihn zu ärgern und mit Schabernacken zu quälen. Bald war sein Geigenbogen mit Honig beschmiert, bald war sein Instrument mit Vogeldreck bekleckert, oder wenn er zur Probe kam, hatten die Mäuse alle Taktstriche aus seinem Notenblatt herausgenagt.

Besonders der Konzertmeister Grigrillus traktierte den armen Konrad. Ungern erinnerte sich Grigrillus der Stunde, da er Konrad das Geheimnis der Holzweghexe verraten hatte. Er fürchtete, dafür bestraft zu werden, denn der Hexe blieb nichts verborgen, und so trachtete er danach, das Wohlwollen seiner Herrin wiederzuerlangen, indem er Konrad kein vertrautes Wort mehr gönnte und ihn strenger behandelte als alle anderen Musikanten. Nie mehr war er mit ihm zufrieden und ließ ihn täglich stundenlang Tonleitern und Dreiklänge üben.

Doch das hatte nur zur Folge, daß Konrad sein Instrument immer besser beherrschte, und tatsächlich kam der Tag, an dem die Holzweghexe ihren alten Konzertmeister Grigrillus davonjagen und Konrad an seine Stelle setzen wollte.

„Du bleibst für immer bei mir!" befahl sie.

„Nein!" rief Konrad entsetzt. „Ich will wieder ein Mensch sein! Schon viel zu lange bin ich bei dir. Wie viele Wochen war ich nicht zu Hause ..."

Höhnisch lachte die Holzweghexe auf. Sie schüttelte ihre roten Haare, und alle Tiere krächzten, kreischten und pfiffen Konrad zum Spott: „Wie viele Wochen, wie viele Wochen?"

„Ich will keine Fledermaus und kein Heuschreck werden! Laß mich gehn. Selbst wenn mich der König für mein Weglaufen bestraft, ich will nach Hause. Gib mir meine Gestalt wieder!"

„Jag ihn fort!" schrien die Tiere.

Mit einer Handbewegung schuf die Holzweghexe Ruhe. „Ich kann dich nicht halten gegen deinen Willen, solange du noch menschliche Züge trägst. Aber deine Gestalt gebe ich dir nicht zurück. Du wirst wiederkommen wollen zu mir, aber dann wird es zu spät sein. Geh fort!" Und sie murmelte einen Zauberspruch.

Grigrillus schlug ein Gelächter an, das Konrad gräßlich in den Ohren dröhnte, die Tiere vollführten einen Höllenlärm – und Konrad fand sich plötzlich auf dem freien Felde liegend, die Sonne schien, und hoch in der Luft jubelten die Lerchen.

6.

Ihm war, als habe er von der Holzweghexe nur geträumt. Aber neben ihm im Grase lag die Geige. Und als er an sich herabsah, merkte er, daß alles, was er für einen Traum halten wollte, Wirklichkeit war: Grillenfüße, Vogelschnabel und Mausefell veränderten ihn so, daß ihn wohl niemand wiedererkennen würde.

Er sah am Ende des Feldes seinen Ahornbaum stehen, er sprang auf und eilte zu ihm hin. Doch der Ahornbaum war verbrannt, er trug kein einziges Blatt. Schwarz ragten seine Äste in den hellen Himmel und knarrten im leichten Wind.

„Ich bin wieder da, Ahornbaum", sagte Konrad und legte seine Hände an den Stamm. „Hat dich der Krieg so zugerichtet? Haben dich die Soldaten des Nachbarkönigs in Brand gesteckt? Ist der Krieg vielleicht schon vorbei?"

Der Ahornbaum schwieg.

Konrad stieg in das tote Holz, um nach der Stadt zu schauen, und er sah das Schloß des Königs in Trümmern liegen.

Was mag geschehen sein? überlegte er. Es scheint, wir haben den Krieg verloren.

Entschlossen kletterte er vom Baum und wendete sich der Stadt zu. Als er eine Weile gegangen war, überholte ihn ein Wagen, der Bauholz geladen hatte.

Der Fuhrmann ließ die Pferde anhalten und rief: „Willst du zur Stadt, Fremder? Steig auf, ich nehme dich mit!"

Konrad erkannte in dem Mann auf dem Fuhrwerk seinen Freund Peter. Wie freute er sich, ihn heil und gesund zu sehen! Er setzte sich neben ihn, sprach ihn mit seinem Namen an und gab sich zu erkennen.

„Konrad?" Zweifelnd musterte Peter die veränderte Gestalt des Freundes. „Du kannst nicht Konrad sein!"

Da griff Konrad zur Geige, er spielte und sang:

„Auf dem Felde, auf dem Felde
steht ein Ahornbaum,

greift mit grünen Blätterhänden
bis zum Himmelssaum ..."

„Du bist es wirklich!" sagte Peter. „Bist am Leben! Doch wer hat dich so zugerichtet? Viele sind aus dem Krieg verändert heimgekehrt, mancher hat nur noch ein Bein, mancher verlor das Augenlicht oder den Verstand. Doch du, Konrad ... Plötzlich warst du nicht mehr da, und ich glaubte ... Wo warst du? Dein Name steht unter denen der Toten auf dem Gedenkstein am Markt!"

„So ist der Krieg zu Ende?"

„Das will ich meinen! Du warst lange fort – sieben Jahre!"

„Sieben Jahre?" rief Konrad verwirrt. „Mir schienen es sieben Wochen zu sein!"

„Vieles ist bei uns anders geworden", erzählte Peter. „Erinnerst du dich an unseren Widerwillen, auf die einstigen Kindheitsgefährten zu schießen? Nun, den Soldaten des Nachbarkönigs ging es ebenso, und auch sie wußten nicht, warum sie den Buckelberg erobern sollten. Und so haben wir uns, als wir den Buckelberg erstürmt hatten, miteinander verbrüdert und am Ende beide Könige davongejagt. Jetzt regieren wir uns selbst und leben in Frieden und in guter Nachbarschaft. Auf dem Buckelberg aber spielen wie in früheren Zeiten die Kinder beider Länder miteinander. Und im Inneren des Buckelbergs, Konrad – haben wir Silber gefunden! Das war der Grund für den Streit zwischen beiden Königen: Jeder wollte das Silber für sich allein. Wir aber haben gemeinsam eine Silbergrube angelegt und teilen, was herauskommt. Beide Länder sind zu Wohlstand gekommen, Konrad. Komm und sieh selbst!"

Konrad staunte. „Und wie geht es meinen Eltern?" fragte er.

Bedrückt wiederholte Peter: „Komm und sieh selbst. – Und du, Konrad?

Bist du ein Spielmann geworden in der Fremde?"

„Ja, ich bin ein Spielmann."

Sie fuhren durch das Stadttor.

7.

Im Krämerladen wirtschafteten fremde Leute. Vor dem Hause saß auf einem Bänkchen Konrads Vater. Alt war er geworden und sein Haar weiß.

„Guten Tag, Vater."

„Sei gegrüßt, fremder Spielmann!"

„Vater, ich bin Konrad!"

„Treib nicht deinen Scherz mit mir. Mein Kummer ist groß. Ein bildschöner Bursche war mein Sohn, tüchtig und gut, unsere einzige Stütze. Fleißig arbeitete er in Haus und Laden. Alle Mädchen liebten ihn. Doch eh er eine für sich auswählen konnte, hat ihn der Krieg uns weggenommen. Sein Name steht auf der Tafel am Markt. Vor Schmerz über seinen Tod ist seine Mutter gestorben."

„Meine arme Mutter! – Vater, erinnere dich doch! Wie du für deinen Sohn Strafe zahlen mußtest, weil er zu faul war für den Dienst beim König! Glaub mir, Vater, heute tut es mir leid!"

„Mein Sohn war fleißig! Sein Name steht auf der Tafel! Geh hin und sieh selbst!"

Konrad griff zur Geige und spielte das Lied vom Ahorn, er sang davon, wie er sich im Baum versteckt hatte, tagelang, weil sein Kopf voll war von Geschichten und sein Mund voller Lieder ...

Und er versprach dem Vater, fortan zu sorgen für ihn, wie es sich für einen Sohn gebührt.

„Du bist nicht mein Sohn", sagte aber der Alte. „Mein Sohn spielte niemals auf der Geige! Die jungen Leute, denen ich meinen Laden verkaufte, sorgen gut für mich, besser als du fahrender, hausloser Geselle es jemals könntest. Störe mich nicht weiter, Fremder."

Traurig ging Konrad davon.

Die Bürger der Stadt nahmen den Wiedergekehrten freundlich auf und wollten ihn gerne bei sich behalten.

„Konrad! Was hast du gelernt in der Fremde, womit kannst du uns nützlich sein?"

„Ein Spielmann bin ich geworden."

„Ein Spielmann? Das ist etwas Schönes – für den Sonntag! Kannst du kein Handwerk?"

Nein, ein Handwerk hatte Konrad nicht gelernt in den sieben Jahren. Aber er wollte ihnen vorspielen zu ihrer Freude, sooft sie mochten, und nicht nur sonntags.

Nun gut, sollte er bleiben, eine wohlhabende Stadt kann sich einen Spiel-

mann leisten. Aber Musik machen – ist das allein überhaupt eine Arbeit für einen erwachsenen Mann? So beschlossen sie, Konrad das Amt des Brunnenwächters anzutragen. Morgens bei Sonnenaufgang sollte er das Brunnenhäuschen aufschließen, den Tag über achtgeben, daß nicht Mensch noch Tier das Wasser verunreinigte, und in der Nacht den Brunnen verschlossen halten. Er würde genug Zeit haben, Musik zu machen für sich und die anderen.

„Einverstanden", sagte Konrad.

„Dann lösche deinen Namen in der Reihe der Toten", forderten die Bürger. Und der Steinmetz zeigte ihm, wie er mit Hammer und Schlegel umgehen und sich damit wieder unter die Lebendigen einreihen sollte.

8.

Fortan bewachte Konrad den Brunnen und spielte dabei auf der Geige. Wer ihn hörte, ging froh an seine Arbeit, wer ihn hörte, ging froh nach Haus. Unterm Brunnendach schlief Konrad nachts, unterm Brunnendach saß er bei Regen. Neue Lieder ersann er und sang sie den Mädchen vor, wenn sie mit der Wäsche zum Brunnen kamen – wie in früheren Zeiten. Die Mädchen hatten ihn gern, und er liebte sie alle. Eine aber liebte er ganz besonders, das war Marie, die jüngste Tochter des Glasermeisters.

Einmal, als Marie ihre Wäsche heimtragen wollte, hielt er sie an der Hand fest, bis alle anderen Mädchen gegangen waren und nur sie beide noch beim Brunnen standen.

„Marie! Als ich damals fortging, warst du ein kleines Mädchen. Aber gemocht hab ich dich schon immer!

Wie wir zusammen im Ahornbaum saßen ... Denkst du noch manchmal daran?"

Marie sah ihm ins Gesicht und sagte: „Du bist nicht der Richtige für mich."

Konrad seufzte und zog sie dicht zum Brunnen. „Ich verstehe", sprach er. „Sieh unsere Spiegelbilder im Wasser! Du bist das schönste Mädchen der Stadt, und ich gleiche einer Vogelscheuche auf dem Felde im Herbst."

Marie lachte und warf ein Steinchen in den Brunnen, daß die Spiegelbilder auseinanderflossen. „Konrad, du begreifst nicht. Wie einer aussieht, das ist nicht so wichtig. Aber du hast keinen Beruf, keine Wohnung. Welches Mädchen würde wohl zu dir unters Brunnendach ziehen? Was wirst du tun, wenn der Winter kommt?"

„Ich bin ein Spielmann!" rief Konrad. „Ich kann etwas, was kein anderer kann! Einst wolltest du mit mir im

Ahornbaum wohnen", fügte er leise hinzu.

Doch Marie war schon davongelaufen.

Konrad dachte lange nach. Vor sieben Jahren hatte ihn die Rosi verschmäht, weil er kein Haus und kein Handwerk sein eigen nannte. Und die Marie, ihre jüngere Schwester, wollte Konrad ebenfalls nicht, aus demselben Grunde. Nur bin ich jetzt sieben Jahre älter, sann Konrad, und wie es aussieht, werde ich einsam alt werden, ohne Frau und Kinder leben und sterben. Sein alter Vater fiel ihm ein, wie er auf dem Bänkchen gesessen hatte – fremde Leute versorgten ihn.

Konrad hob die Geige zum Kinn und spielte, um sich zu trösten. Doch ihm fielen heute nur traurige Lieder ein, und je länger er spielte, desto unfroher wurde er. Er wollte, er mußte die Marie bekommen! Sonst, so schien es ihm, würde ihm nie im Leben wieder etwas

Freude machen. Was sollte er tun?

Konrad saß und sprach bis zum Abend mit niemandem ein Wort. Als es dunkelte und der Marktplatz verlassen lag, lockerte er am Brunnen einen Stein und machte darunter eine Höhle. Er zog seine Jacke aus, wickelte die Geige hinein und verbarg sie in dem Loch, das er sogleich mit dem Stein wieder verschloß.

Anderntags ging Konrad zu seinem Freund Peter und fragte, ob der ihn als Gehilfen haben mochte, er wolle das Zimmermannshandwerk erlernen.

Peter nahm ihn ins Haus, und Konrad wurde ein Zimmermann. Er lernte sägen und hobeln, leimen und falzen, er schleppte Balken und Latten. Bald ging er geschickt mit Axt und Hammer um.

Dazumal hatten die Bürger beschlossen, das zerstörte Schloß wiederaufzubauen als ein Haus für die Kinder – mit einer Schule, einem Puppentheater, einer Werkstatt und einem großen Schwimmbecken. Alle Handwerker bauten mit am Kinderschloß, und Peter setzte mit seinem Gesellen Konrad den Dachstuhl obendrauf.

Konrad hatte Vergnügen an der Arbeit auf dem Dach, bei der ihm die Tauben und die Schwalben zusahen. Von der Höhe aus hatte er einen weiten Blick über die Stadt hinaus in die Felder, bis zu den Hügeln, die in der Ferne mit dem Blau des Himmels verschwammen. Er atmete frei und leicht dort oben, freier und leichter sogar als einst auf seinem Ahornbaum.

Und nur manchmal noch überkam ihn der sehnsüchtige Wunsch, den Körper dem Wiegen des Windes zu überlassen und den Kopf den Geschichten und Melodien, die irgendwoher geflogen kamen ... Woher nur?

Konrad tröstete sich, daß er damals auf dem Ahornbaum ein unfertiger junger Bursche gewesen war, jetzt aber, wie er hier auf dem Dache arbeitete, war er ein Mann, und das war doch etwas ganz anderes.

In der schwindelnden Höhe muß man einen sicheren Tritt haben, und Konrad hatte anfangs viel Mühe mit seinen grilligen Springbeinen. Aber im Laufe der Zeit lernte er, die Füße sicher zu setzen, seine Beine streckten sich und bekamen starke Muskeln wie in früheren Jahren.

Unter Sonne und Wind wurde auch das Mausefell auf seinem Kopfe immer dünner und löchriger. Eines Tages war es verschwunden, und Konrads braunes Haar kam wieder zum Vorschein. Die krumme Schnabelnase schließlich verlor er, als Peter ihm einmal einen Hammer zuwarf und er ihn so ungeschickt fing, daß er sich dabei mitten ins Gesicht schlug. Peter mühte sich sogleich, Konrad das Blut zu stillen, und nachdem ihm das gelungen war, rief er lachend: „Deine Nase, Konrad, sieh nur! Der Schnabel ist abgebrochen!“

Konrad faßte sich ins Gesicht und fühlte, daß Peter recht hatte.

„Nun siehst du aus wie früher“, sagte Peter.

Bald war das Kinderschloß fertig, und die Bürger der Stadt feierten darum ein Fest. Und weil der Konrad inzwischen ein geachteter Handwerker war und obendrein ein ansehnlicher Mann, tanzte auf diesem Fest die Marie nur mit ihm.

9.

Das Glück kam zu Konrad.

Er wohnte mit Marie hoch oben im Schloßturm, hinter der großen Uhr – dort hatten sie zusammen zwei Stuben bekommen. Am Tage arbeitete er mit Peter, der nun sein Schwager war, baute Türen, Treppen und Dächer.

Abends stieg er hinauf zu seiner Marie.

Sie lebten gemeinsam einen Sommer und einen Winter und freuten sich aneinander. Dann kam der Tag, an dem Marie ein Kind zur Welt bringen sollte.

Konrad war seit dem Morgen voller Unruhe, und das Werkzeug fiel ihm aus den Händen. Da schickte ihn Peter von der Arbeit fort, er sollte spazierengehen und sich beruhigen, damit er am Abend in froher Stimmung zu Marie heimgehen und das neugeborene Kind begrüßen könnte.

Konrad lief hinaus vor das Stadttor. Er wollte an den Feldrainen ein paar Blumen suchen, um seine Frau zu erfreuen. Und wie er nach Mohn und Kornblumen ausschaute, sah er, daß am Fuß des verbrannten Ahornbaumes neue Schößlinge trieben. Er brach einen kleinen Zweig ab und nahm ihn mit.

Als er daheim in die Turmstube trat, war sein Sohn schon geboren. Er nannte ihn Felix und legte ihm den Ahornzweig ins Kissen.

Felix gedieh und wuchs heran. Er lernte sitzen, laufen und sprechen, er lernte das Denken und das Singen. Von seiner Mutter hatte er die dunklen Augen und das freundliche Wesen, vom Vater die angenehme Stimme und den raschen Verstand. Er war ein Sohn, wie jeder ihn sich wünscht. Wie fröhlich und zufrieden hätten sie alle drei leben können!

Doch wie sollten sie fröhlich sein?

Langsam, fast unmerklich hatte sich Unglück über die Stadt gesenkt. Es breitete sich aus wie eine geheimnisvolle Krankheit und traf allmählich alle Bewohner. Das Besondere dabei war, daß eigentlich niemand genau benennen konnte, was geschehen war und wann es begonnen hatte, auch litt niemand Schmerzen. Und wer nicht ge-

nau hinschaute, konnte meinen, alles sei wie früher.

Aber man sah keinen Menschen mehr lachen.

Die Leute bekamen Falten um Mund und Augen, Seufzer und müdes Ächzen drangen aus den Häusern und durch die Straßen, matt schlugen die Herzen, die Arbeit ging schleppend. Sogar die kleinen Kinder blickten so ernst in die Welt, als müßten sie all ihre Lasten tragen. In jedem Winkel nistete Trübsal, und die Freude verschwand aus der Stadt.

Was sollte man tun?

Die Ärzte schüttelten die Köpfe, die Weisen hoben ratlos die Schultern, und die Mütter blickten traurig ihre Kinder an, die das Lachen nicht lernen konnten.

„Was fehlt uns, was wir früher hatten, als wir noch froh waren, als das Leben Spaß machte?" fragten sich die Leute untereinander.

Und sie überlegten lange und gründlich, denn jedem war klar, daß bald etwas geschehen mußte, wenn sie nicht alle in Kummer und Teilnahmslosigkeit versinken wollten.

Ein junges Mädchen besann sich plötzlich: „Wo ist denn die Geige vom Brunnenwächter geblieben? Nie waren wir so fröhlich wie bei Konrad am Brunnen!"

Ja, wo war die Geige? Die Geige hatte ihnen einst Freude gebracht.

Ein paar Männer stiegen hinauf in die Turmstube.

„Konrad, wir brauchen deine Geige! Spiel uns etwas, das die Traurigkeit vertreibt!"

„Ich bin jetzt ein Zimmermann", sprach Konrad, und sein Herz tat ein paar schnelle, furchtsame Schläge. Was wollten sie da von ihm? Ungern erinnerte er sich an die Zeit, als er eine Kunst ausübte, die niemand ernst nehmen und achten wollte. Er hatte sich schweren Herzens von seiner Geige getrennt, hatte dafür die Marie errungen und Ansehen unter den Bürgern. Er hatte sich an sein neues Leben gewöhnt, er liebte die Arbeit mit dem Holz. Und wenn er auch nicht mehr lachen und singen konnte, so hatte er doch Frau und Kind und seine Pflichten. So sollte es bleiben, man kann die Zeit nicht zurückdrehen.

Doch weil sie ihn so dringend baten, stieg er hinab vom Turm und ging zum Brunnen.

Männer, Frauen und Kinder versammelten sich voller Hoffnung um den Brunnen, als Konrad den Stein löste, unter dem er die Geige einst vor sich selber verborgen hatte. Schweigend sahen sie zu, wie er das Bündel heraushob und sachte öffnete.

Ach, wie begannen sie zu wehklagen!

Von der Geige waren nur ein paar schimmlige Holzstückchen übriggeblieben. Die Nässe vom Brunnen hatte in der langen Zeit das Instrument völlig zerstört. Welche Hoffnung hatten die Leute in Konrad und seine Geige gesetzt!

„Kannst du nicht eine neue Geige bauen?" fragte Marie ihren Mann. „Du bist klug und geschickt, du kannst mit Holz und mit Werkzeug umgehen, und wie eine Geige gebaut ist, weiß keiner von uns außer dir!"

„Bau uns eine Geige!" riefen die Leute.

Konrad zögerte nur kurz und versprach, es zu versuchen.

Mit einer winzigen, neuen Hoffnung gingen die Leute in ihre Häuser.

10.

Konrad zog sich auf den Turm zurück. Er rechnete, maß und zeichnete, er sägte, klopfte und leimte. Viel Geduld und viel Holz verbrauchte Konrad. Die ganze Stadt wartete und hoffte, daß Konrads Lieder das Lachen zurückbrächten.

Wenn er doch an seinem Sohn Felix eine tüchtigere Hilfe gehabt hätte! Aber der wuchs zu einem Träumer heran. Statt dem Vater in der Werkstatt zur Hand zu gehen und etwas zu tun, was allen Bürgern genützt hätte, trieb er sich oft vor der Stadt in den Feldern herum. Oder er blickte vom Turm ins Weite, stundenlang, und träumte. Manchmal kamen seine Freunde mit herauf, um zu schauen, wie weit Konrad mit der Geige wäre. Viel gab es zu sehen in der Turmstube, und viel gab es zu hören! Aus jedem Fenster hatte man eine andere Aussicht, eine schöner als die andere – und wie der Felix erzählen konnte! Er pfiff wie eine Amsel und trillerte wie eine Lerche, und auf jeden Satz, den man sprach, konnte er mit einem Reim antworten! Am liebsten wären die Kinder jeden Tag in den Turm gekommen, aber sie wollten Konrad nicht bei seiner wichtigen Arbeit stören.

Eines Tages sagte ihnen Marie: „Bald ist die Geige fertig!"

Und endlich kam der Augenblick, da Konrad aus der Werkstatt trat und den Kindern die Geige entgegenhielt.

Begeistert klatschten sie in die Hände. „Spiel, Konrad, spiel!"

Alle hielten den Atem an, als Konrad die Geige zum Kinn hob und den Bogen ansetzte. Ein erster langer Ton erklang. Und ein zweiter! Ein wunderschöner reiner Dreiklang! Und eine Tonleiter spielte Konrad für die Kinder!

Die Mädchen und Jungen hatten schon genug gehört, um es in der Stadt auszuschreien. Jubelnd stürmten sie die Treppe hinunter. „Musik, wir haben Musik!" schrien sie, sangen die Töne nach, die sie noch im Ohr hatten, und stoben davon.

In Windeseile wußte die ganze Stadt davon. Die Leute atmeten auf und konnten sich endlich wieder ein bißchen freuen.

Konrad aber saß bei Frau und Sohn und seufzte, als wäre das Unglück nun noch größer als vorher. „Marie! Felix! Ich kann nicht mehr spielen."

„Du hast doch gespielt!"

„Das waren nur Töne. Es wird kein Lied draus. Erinnerst du dich an die Abende beim Brunnen, Marie? An die vielen Lieder, die ich mir ausdachte? Ich habe sie alle vergessen."

„Sie werden dir wieder einfallen, Konrad. Du hast so lange keine Geige mehr in der Hand gehabt, hast so lange nicht gesungen! Du mußt üben."

Konrad übte.

11.

Tag für Tag übte Konrad mit Geduld und Ausdauer auf seiner Geige. Er verzierte die Dreiklänge und Tonleitern mit Trillern und Schnörkeln, bis sie außerordentlich kunstvoll klangen. Aber seine Lieder fand er nicht wieder, sosehr er sich auch anstrengte, und neue fielen ihm auch nicht ein.

Die Leute jedoch glaubten fest daran, daß er sich eines Tages erinnern müßte. Denn sie konnten sich gut besinnen, daß Konrad als junger Bursche mehr gesungen hatte, als ihnen lieb war. Natürlich ist es etwas anderes, auf einer Geige zu spielen, als zu singen, und deswegen mußte man Konrad Zeit lassen.

Einmal kam Konrad der Gedanke, es könnte an der Geige liegen, daß ihm die Melodien nicht wie früher zuflogen. Er begann, eine zweite Geige zu bauen. Sie gelang ihm besser als die erste und hatte einen volleren Ton, so daß man glauben konnte, mehrere Instrumente auf einmal zu hören. Sogleich probierte Konrad, ob ihm ein drittes Instrument vielleicht noch vollkommener geraten würde. Und nachdem er Woche um Woche damit zugebracht hatte, bekam er so viel Spaß daran, immer neue Verbesserungen für die Geigen auszusinnen, daß er dies zu seinem Beruf machte und fortan nichts anderes mehr tun wollte als Geigen bauen.

Sooft er eine neue Geige vollendet hatte, erprobte er ihren Ton, und jedesmal war er besser als der des vorigen Instruments. Konrad hängte seine Geigen an die Wände und erfreute sich an ihnen, und wer zu ihm kam, teilte seine Freude.

So erfüllten die Geigen doch ihren Zweck, wenn auch anders, als die Leute anfangs geglaubt hatten.

Wer zu Konrad in den Turm stieg, dem spielte er vor, so gut er es vermochte. Weil aber der Turm gar so viele und steile Stufen hatte und trotzdem alle Bürger der Stadt Konrad oft zuhören wollten, ließ er sich etwas einfallen:

Jeden Mittag nach dem Zwölfuhrschlag der großen Uhr öffnete Konrad das Turmfenster und spielte eine kunstvolle Tonleiter über die Stadt hin. Die Leute gewöhnten sich an die Mittagstonleiter und waren es zufrieden.

Die Zeit verging.

Felix wuchs zu einem jungen Burschen heran und lernte bei seinem Vater das Handwerk des Geigenbaues. Eifrig war er nicht gerade. Oft sank ihm die Arbeit aus der Hand, weil er aus dem Turmfenster blickte und träumte. Längst beherrschte er die Tonleitern so gut wie Konrad. Es kam Felix unsinnig vor, immer noch mehr Geigen zu bauen, wenn keiner außer ihm und seinem Vater darauf spielen konnte. Und weil er die Kinder liebte und ihnen oft

Geschichten erzählte, kam ihm ein Gedanke.

„Vater! Warum geben wir die Geigen nicht den Kindern? Warum bringen wir ihnen nicht bei, darauf zu spielen wie du und ich?"

Konrad sprach zu Felix: „Vor langer Zeit, ehe ich die Geige vergrub, war ich ein wirklicher Spielmann. Wie soll ich dir erklären, was ein richtiges Lied ist? In meinem Spiel war das Singen der Vögel, das Rauschen der Bäume, Lachen und Weinen. Vielleicht kommt irgendwann ein fremder Spielmann in unsere Stadt, der wird uns helfen. Dann fangen alle unsere Geigen zu klingen an."

Und wenn kein Spielmann kommt, wenn sie alle an unserer Stadt vorbeiziehen? fragte sich Felix. War dann alles umsonst? Können wir uns wirklich nicht selber helfen?

Unmutig warf er Holz und Messer beiseite und sprang die Turmtreppe hinab. Er lief aus dem Tor und vor die Stadt, wo auf dem Felde ein Ahorn wuchs. In dessen Schatten legte sich Felix, um nachzudenken. Durch das Gewirr der Zweige sah er den Himmel, er lauschte den Lerchen, den Amseln und dem Murmeln der Ahornblätter, und in alldem schien ihm viel mehr Musik zu liegen als in sämtlichen Tonleitern und Dreiklängen.

Am liebsten wäre Felix den ganzen Tag bei dem Ahorn geblieben, doch als der Mittag kam, trieb ihn der Hunger nach Hause.

12.

Seine Mutter erwartete ihn schon voller Unruhe. „Felix, der Vater ist zum Holzmarkt gefahren. Er trägt dir auf, heute die Mittagstonleiter zu spielen, falls er sich verspäten sollte."

„Mutter, ich war draußen vor der

Stadt, dort steht ein Ahornbaum im Felde. Er reckt seine Zweige wie Hände zur Sonne, und in seiner Krone klingt es wie Musik vom Wind und von all den Vögeln!"

Seine Mutter hörte ihm nachdenklich zu und dachte, wie ähnlich doch Felix seinem Vater war. Sie erinnerte sich, wie sie zu Konrad in den Baum gestiegen war und sich das Kleid zerrissen hatte und wie er für sie sein Lied gesungen hatte: Auf dem Felde, auf dem Felde ... Zögernd begann Marie zu singen.

„Auf dem Felde, auf dem Felde
steht ein Ahornbaum,
reckt die grünen Blätterhände
hin zum Himmelssaum!"

„Mutter, das ist ja ein Lied!"

„Ja, das ist Konrads Lied!" sagte Marie glücklich.

Sogleich nahm Felix die Geige und spielte ohne Mühe die Melodie nach,

als hätte das Lied in der Geige verborgen gelegen und nur darauf gewartet, hervorgeholt zu werden.

Gegen Mittag kam Konrad vom Holzmarkt nach Hause. Er beeilte sich, um pünktlich die Mittagstonleiter spielen zu können, wußte er doch, daß er sich auf Felix nicht immer sicher verlassen konnte.

Als Konrad auf der Turmtreppe war, schlug es eben zwölf. Hastig trat er in seine Stube. Da stand Felix am offenen Fenster mit der Geige am Kinn und hob gerade den Bogen.

Marie trat auf ihren Mann zu und flüsterte: „Wir haben das Ahornlied wiedergefunden."

In der Stadt hoben die Leute die Köpfe, als Felix statt der Mittagstonleiter das Ahornlied für sie spielte.

„Konrads Lied!" sagten sie und konnten es kaum fassen. Diejenigen, die mit Konrad zusammen jung gewesen waren, erinnerten sich, wie gern sie ihm zugehört und ihn trotzdem verlacht hatten. Die Freuden und Schmerzen ihrer Jugend wurden wieder lebendig, und sie konnten ihren Kindern davon erzählen:

Wie die jungen Burschen einst in den Krieg mußten, wie sie sich gegen ihren König empörten und ihn davonjagten, wie sie begannen, sich selbst zu regieren. Wie eines Tages ein Spielmann in ihre Stadt kam und sich als der verschollene Konrad zu erkennen gab!

Wie sie sein kunstvolles Handwerk nicht genug achteten, so daß ihnen endlich die Lieder verlorengingen und Trübsal über die Stadt sank.

„Aber nun, Kinder, haben wir das Ahornlied wieder! Hoch lebe Konrad samt Felix, seinem Sohn!"

Die Freude kehrte in die Stadt zurück, um für immer dort zu bleiben. Konrad mußte nicht mehr auf einen fremden Spielmann hoffen, der seine

Geigen zum Klingen brächte. Stolz war er auf Felix, seinen Sohn. Ein Spielmann sollte Felix werden. Auf alles, was er vorzeiten bei dem gestrengen Grigrillus gelernt hatte, besann sich nun Konrad und brachte es seinem Sohn bei. Und alle Lieder aus seiner Spielmannszeit flogen ihm wieder zu, eins nach dem anderen – kaum konnte er glauben, daß er sie für so lange vergessen haben sollte.

Felix, der Träumer, spielte sie und viele eigene dazu, denn wie seinerzeit Konrad hatte er keine Mühe, Verse und Töne für ein neues Lied zu finden, es brauchte ihn nur ein Mädchen anzulächeln, es brauchte ihm nur die Sonne durch die Äste ins Gesicht zu scheinen.

Und Felix war geachtet ob seiner Kunst bei allen Bürgern der Stadt, denn sie hatten erfahren, wie traurig es ist, ohne Musik zu leben.

Doch die vielen Geigen, die Konrad

und sein Sohn gebaut hatten – was werden sie damit wohl gemacht haben?

Das Schloß, in dessen Turm Konrad mit Frau und Sohn lebte, hatte viele Zimmer und Säle für die Kinder der Stadt, und in jedem konnte man etwas anderes machen. Eins gab es jedoch noch nicht: ein Musikzimmer, wo man das Geigespielen lernen konnte! Konrad nahm seine Geigen von den Wänden, trug sie hinab und verteilte sie. Und er, der Krämersohn, der Träumer, der Soldat hatte werden müssen, der ein Spielmann gewesen war, ein Brunnenwächter, ein Zimmermann und ein Geigenbauer, wurde in seinen späten Jahren ein Lehrer für das Geigenspiel.

Auf meinen Reisen bin ich in Konrads Stadt gekommen, ich habe das Schloß gesehen, den Brunnen und den hundertjährigen Ahornbaum.

Noch heute werden in der Stadt Geigen gebaut, und noch heute singen dort die Kinder Konrads Lied vom Ahornbaum.

ISBN 3-358-01025-2

2. Auflage 1988

Lizenz-Nr. 304-270/434/88
Gesamtherstellung: Grafischer Großbetrieb Völkerfreundschaft Dresden
LSV 7528
Für Leser von 7 Jahren an
Bestell-Nr. 632 346 2
00175